ANALIZA KSIĄŻKI

Cień wiatru

. . . .

CARLOS RUIZ ZAFÓN

ANALIZA KSIĄŻKI

Napisany przez Noémie Lohay
Przetłumaczony przez Kâmil Kowalski

Cień wiatru

CARLOS RUIZ ZAFÓN

CARLOS RUIZ ZAFÓN

HISZPAŃSKI PISARZ I SCENARZYSTA

- **Urodził się w Barcelonie w 1964 roku.**

- **Godne uwagi prace:**

  - *Marina* (1999), powieść

  - *Gra Anioła* (2008), powieść

  - *Więzień nieba* (2011), powieść

Hiszpański pisarz Carlos Ruiz Zafón urodził się w Barcelonie w 1964 roku. W wieku 19 lat zaczął pracować w reklamie, ale porzucił pracę w 1993 roku, aby opublikować powieść dla młodych dorosłych *Książę Mgły*, która zdobyła nagrodę literacką Edebé dla Young Adult Fiction.

Następnie napisał wiele książek zarówno dla młodzieży, jak i dorosłych, w tym *Cień wiatru* (2001), który znalazł się na szczytach list bestsellerów na całym świecie. Następnie ukazały się *Gra Anioła* (2008), *Więzień nieba* (2011) i *Labirynt duchów* (2016); łącznie te cztery książki tworzą serię *Cmentarz Zapomnianych Książek*. Ruiz Zafón obecnie dzieli swój czas między Barcelonę i Los Angeles, gdzie pracuje jako scenarzysta.

CIEŃ WIATRU

BARCELONA W NASTĘPSTWIE HISZPAŃSKIEJ WOJNY DOMOWEJ

- **Gatunek:** powieść
- **Wydanie referencyjne:** Ruiz Zafón, C. (2004) *Cień wiatru*. Tłum. Graves, L. Londyn: Phoenix.
- **Pierwsze wydanie:** 2001
- **Tematy:** Hiszpańska wojna domowa, pamięć, przeznaczenie, tajemnica, pisanie, miłość

Cień wiatru został wydany po raz pierwszy w języku hiszpańskim w 2001 roku, a w 2004 roku ukazało się angielskie tłumaczenie autorstwa Lucii Graves. Powieść odniosła natychmiastowy sukces popularny i krytyczny na całym świecie i zdobyła wiele krajowych i międzynarodowych nagród literackich.

Cień wiatru rozgrywa się w powojennej Barcelonie i śledzi młodego księgarza Daniela Sempere, który odkrywa powieść zatytułowaną *Cień wiatru* autorstwa pisarza o imieniu Julián Carax w tajemniczym Cmentarzu Zapomnianych Książek. Daniel staje się zafascynowany Caraxem i tajemnicą, która go otacza, i zaciąga pomoc przyjaciół, aby zbadać jego i jego historię.

PODSUMOWANIE

PRAWDZIWA HISTORIA JULIÁNA CARAXA

Historia Juliána Caraxa, autora fikcyjnej powieści *Cień wiatru,* opowiedziana jest poprzez list napisany przez Nurię, jedną z jego znajomych, do Daniela. Zostaje to jednak ujawnione dopiero pod koniec książki.

Nuria pracuje w Cabestany Editores w Barcelonie, gdzie poznaje Juliána. Ten zaprasza ją do siebie podczas podróży do Paryża w 1933 roku, a oboje zbliżają się do siebie i zostają kochankami. Nuria zakochuje się w Julianie, ale zdaje sobie sprawę, że on nadal żywi uczucia do Penélope Aldayi, dawnej kochanki, której nie widział od 1919 roku.

Po powrocie do Barcelony Nuria dowiaduje się od przyjaciela Juliána z dzieciństwa, Miquela Molinera, że on i Penélope są tak naprawdę bratem i siostrą, choć żadne z nich nie zdaje sobie z tego sprawy. Kiedy ich biologiczny ojciec Ricardo Aldaya dowiedział się o ich związku, zainterweniował i Julián zdołał uniknąć zmuszenia go do wstąpienia do wojska przez ojca i pana Aldayę, uciekając do Paryża, z pomocą Molinera. Wierzył, że Penélope wkrótce do niego dołączy, ale nie wiedział, że zaszła w ciążę z jego dzieckiem i że będzie więziona przez swojego ojca, zanim umrze, rodząc martwe dziecko.

Po śmierci Penélope, Ricardo i jego syn Jorge wyjeżdżają do Argentyny. Kiedy Ricardo leży na łożu śmierci, Jorge obiecuje mu, że zabije Juliána. Po kilku latach życia w biedzie wraca do Barcelony, gdzie spotyka policjanta i dawnego kolegę z klasy Juliána o imieniu Javier Fumero, który również próbuje go zabić, bo też był zakochany w Penélope. Fumero bierze Jorge pod swoje skrzydła i rozpala jego nienawiść do Juliána. Wykorzystuje Jorge, aby zwabić pisarza do Barcelony, a Julián łapie przynętę, wracając do miasta na początku hiszpańskiej wojny domowej (1936-1939).

Nuria i Miquel, którzy są teraz małżeństwem, słyszą, że Julián wrócił i idą go szukać. W końcu znajdują go w momencie, gdy poplecznicy Fumero przygotowują się do zabicia go. Miquel postanawia udawać Juliána i umiera w jego zastępstwie. Kiedy Julián natrafia na grób Penélope, obwinia się za jej śmierć i ogarnia go wściekłość, że on wciąż żyje, a ona musiała umrzeć. Idzie do magazynu Cabestany i zaczyna palić wszystkie swoje książki, które stanowią jego dzieło życia, i w rezultacie doznaje poważnych oparzeń.

Po tym zdarzeniu Nuria przygarnia go i chroni przed Fumero, który wciąż go szuka. Autor stopniowo wraca do zdrowia, a w 1945 roku znajduje schronienie w dawnym domu rodziny Aldaya. Następnie wyrusza na poszukiwanie i niszczenie ostatnich egzemplarzy swoich książek, w tym egzemplarza *Cienia wiatru* należącego do Daniela, aby zlikwidować wszelkie ślady własnego istnienia.

CIEŃ WIATRU

Po śmierci matki Daniela Sempere'a, gdy ten był bardzo młody, wychowywał go ojciec – księgarz. W wieku dziesięciu lat, kiedy nie pamięta już matki, ojciec zabiera go na Cmentarz Zapomnianych Książek, prowadzony przez Isaaca Montforta.

Jak każdy nowy gość na Cmentarzu, Daniel musi zaadoptować książkę i wybiera *Cień wiatru,* powieść Juliána Caraxa, który najwyraźniej nie żyje. Później dowiadujemy się, że córka Isaaca, Nuria, ukryła dziewięć lat wcześniej po jednym egzemplarzu każdej z książek Caraxa.

Daniel jest urzeczony powieścią i kończy ją tego samego dnia. Pragnie dowiedzieć się więcej o inspiracji, która legła u podstaw tej historii oraz o życiu jej autora, dlatego prosi o pomoc księgarza Gustavo Barceló. Dowiaduje się, że ma jedyny egzemplarz książki, gdyż wszystkie inne zostały w tajemniczy sposób spalone. Poznaje też i zakochuje się w siostrzenicy Gustavo, Clarze. Po powrocie do domu Daniel dostrzega sylwetkę mężczyzny, który wygląda jak Laín Coubert, postać z powieści, której twarz spowija ciemność.

W dniu 16 urodzin Daniela ów tajemniczy mężczyzna oferuje mu zakup jego egzemplarza książki, ale Daniel odmawia. Boi się, że nieznajomy ruszy na Clarę, której podarował książkę, więc idzie do domu Barcelósów, by ją odzyskać. Gdy tam dociera, dokonuje nieprzyjemnego odkrycia: Clara ma romans ze swoim nauczycielem muzyki. Daniel jest bardzo rozczarowany i jego uczucia do niej natychmiast wygasają. Po tym wydarzeniu poznaje i zaprzyjaźnia się z bezdomnym Ferminem Romero de Torres. Następnie postanawia ukryć książkę w bezpiecznym miejscu i wybiera Cmentarz Zapomnianych Książek, gdzie Isaac daje mu adres swojej córki Nurii, która przyjaźniła się z Juliánem.

Jesienią 1953 roku ojciec Daniela zatrudnia Fermína w księgarni, podczas gdy Daniel wykorzystuje swój wolny czas na ponowne spotkanie z przyjacielem z dzieciństwa, Tomásem

Aguilarem. Wciąż próbuje dowiedzieć się czegoś więcej o Caraxie, a w księgarni dochodzi do serii tajemniczych wydarzeń: ponownie widzi Laína Couberta, a stara fotografia Juliána i młodej dziewczyny przed sklepem z kapeluszami Fortuny zostaje pozostawiona przez nieznajomego w księgarni.

Julian idzie do sklepu z kapeluszami, by kontynuować swoje śledztwo. Dowiaduje się więcej o dzieciństwie Juliána, w tym o imionach dwóch jego przyjaciół z dzieciństwa, Jorge Aldayi i Miquela, oraz znajduje list miłosny, który napisała do niego Penélope Aldaya, dziewczyna z fotografii. Daniel angażuje Fermina, który ma wyjątkowy talent do pracy detektywistycznej, do pomocy w badaniach. Później odwiedza Nurię, która mówi mu, że Julián zmarł w 1936 roku.

Mniej więcej w tym czasie Daniel wpada na siostrę Tomása, Beę. Wkrótce opowiada jej wszystko, co wie o Caraxie i zabiera ją na Cmentarz Zapomnianych Książek. Tam dochodzi do ich pierwszego pocałunku, mimo że Bea jest zaręczona z innym mężczyzną. Daniela odwiedza również inspektor Fumero, który szuka Fermina z powodu jego sprzeciwu wobec reżimu i grozi zarówno Danielowi, jak i jego firmie. Następnego dnia Fumero nakazuje aresztowanie i okaleczenie miejscowego zegarmistrza Don Federico, ponieważ jest on gejem.

Daniel i Fermín kontynuują swoje dochodzenie i spotykają się z przyjacielem z dzieciństwa Juliána, Ojcem Fernando Ramos, i Penélope, guwernantką Jacinta, którzy również dostarczają im przydatnych informacji. Kiedy opuszczają azyl, w którym Jacinta jest internowana, Fermín zostaje pobity przez Fumero, podczas gdy Daniel patrzy bezsilnie, nie mogąc interweniować.

Daniel zabiera Fermína do domu swojego starego przyjaciela Gustavo Barceló, aby opatrzyć jego rany, ponieważ Fermín jest romantycznie związany z Bernardą, pokojówką, która tam pracuje i mówi Barceló wszystko, co wie o Caraxie. Księgarz obiecuje, że pomoże im w śledztwie.

Choć pan Aguilar jest wściekły na Beę, stale ją obserwuje i zagroził, że połamie nogi chłopakowi, z którym się zadaje, spotyka się ona z Danielem w opuszczonej willi należącej kiedyś do Aldayów, gdzie kochają się po raz pierwszy. Kilka dni później Daniel natyka się na groby Penélope i jej dziecka, ale Laín Coubert wypędza go i Beę z willi.

Daniel korzysta z rady Barceló i wraca do Nurii. Choć ma wrażenie, że ona go okłamuje, wciąż nie wie, że to nie Julián, ale Miquel zginął w 1936 roku. Wieczorem dowiaduje się, że Nuria została właśnie zamordowana, a Fermín jest głównym podejrzanym. Został on jednak wrobiony: prawdziwym sprawcą jest Fumero. Po pogrzebie Nurii Daniel spotyka Izaaka, który daje mu list od córki, w którym opowiada ona historię swoją i Juliána. Najbardziej zdumiewającą rewelacją listu jest to, że Laín Coubert to tak naprawdę Julián, którego twarz została potwornie oszpecona w pożarze magazynu Cabestany.

Daniel następnie pędzi, aby zobaczyć Beę, ponieważ nie słyszał od niej przez tydzień, dowiaduje się jednak, że zniknęła i jest w ciąży z jego dzieckiem. Zakłada, że musiała iść do willi Aldayas i natychmiast kieruje się tam. Jego przeczucie okazuje się słuszne, a kiedy dociera na miejsce, znajduje zarówno Beę, jak i opiekującego się nią Juliána. Fumero, który śledził Daniela, wpada do środka i atakuje Juliána. Daniel zostaje poważnie ranny, gdy próbuje chronić Juliána, co kończy się zabiciem Fumero.

Podczas pobytu w szpitalu Daniel oddaje swoje pióro Juliánowi, jego dawnemu właścicielowi, i prosi go, by zaczął znowu pisać. Kilka miesięcy później Daniel i Bea biorą ślub. Mają razem dziecko, któremu nadają imię Julián i które przejmuje księgarnię rodziny Sempere. Carax znów zaczął pisać, a swoją ostatnią książkę dedykuje im dziesięć lat później. Wreszcie Daniel zabiera syna, by odkrył jedną z najlepiej strzeżonych tajemnic Barcelony: Cmentarz Zapomnianych Książek.

STUDIUM POSTACI

DANIEL SEMPERE

Daniel Sempere, główny bohater i narrator powieści, urodził się prawdopodobnie w 1935 roku. Po stracie matki w wieku czterech lat wychowuje go ojciec, księgarz specjalizujący się w rzadkich i używanych książkach. Daniel dorasta w otoczeniu literatury, w świecie pełnym opowieści i tajemnic, co rodzi w nim pragnienie zostania pisarzem. Pomaga ojcu w księgarni, co sprawia mu przyjemność. W wieku dziesięciu lat odkrywa *Cień wiatru* i fascynuje się Caraxem, z którym zdaje się łączyć go tajemnicza więź.

Jako nastolatek, który dopiero dowiaduje się, kim jest, Daniel czasem wątpi w siebie i ma problemy z przyjęciem odpowiedzialności za swoje czyny. Czuje się winny, gdy po raz drugi spotyka się z Nurią, a ta zarzuca mu, że próbując ratować Juliána przed zapomnieniem, wyrządził mu więcej szkody niż pożytku. Czuje się też tchórzem, bo nie robi nic, gdy Fermín zostaje pobity i zostawia Beę samą z gniewem ojca.

Jednak kiedy ojciec sugeruje, że jest odpowiedzialny za śmierć Nurii, zostaje poruszony do działania i nie chce dłużej ukrywać swojej miłości do Bei przed jej ojcem, po czym rzuca się między Fumero i Carax. W trakcie powieści wyrasta z niewinnego, uczciwego chłopca, który w dużej mierze polega na swoim ojcu, na odpowiedzialnego, taktownego, dojrzałego dorosłego. W 1956 roku żeni się z Beą, z którą ma syna Juliána i razem przejmują księgarnię rodziny Sempere. Wprowadzając syna na Cmentarz Zapomnianych Książek, odgrywa aktywną rolę w utrzymaniu tajemnicy tego miejsca i literatury, która się w nim znajduje.

Nie otrzymujemy jego dokładnego opisu fizycznego, ale kilka postaci zauważa, że jest podobny do Juliána, który również widzi w młodzieńcu coś z siebie.

JULIÁN CARAX

Julián Carax urodził się w 1990 roku i jest biologicznym synem Sophie Carax i Ricardo Aldaya. Jest wynikiem romansu, ponieważ w momencie jego poczęcia Sophie była żoną Antoniego Fortuny. Antoni jest wściekły z powodu zdrady żony i wyładowuje swój gniew na Sophie i Julianie, o którym wie, że nie jest jego synem (i którego uważa za dziecko diabła). W 1914 roku do Juliána zgłasza się Ricardo Aldaya, który chce mu zostawić swoje imperium biznesowe. Poznaje też Jorge i Penélope Aldaya, w której się zakochuje. Ich związek kończy się jednak tragedią.

Od dzieciństwa, naznaczonego fanatycznym katolicyzmem przybranego ojca, Julián przejawia żywe zainteresowanie sztuką i innymi twórczymi zajęciami. Jest niezwykle pomysłowy i opisuje się go jako "słodkie dziecko, trochę dziwne i skłonne do marzeń [...], ale było w nim coś, co zjednywało mu sympatię". Często wymyśla dziwne, fantastyczne historie o demonicznych stworach, które rysuje w swoich zeszytach. W miarę upływu czasu coraz bardziej poświęca się swojemu rzemiosłu, zwłaszcza po poznaniu Penélope, której poświęca bardzo osobiste historie.

W 1919 roku udaje się na emigrację do Paryża i zaczyna pisać powieści, które nie odnoszą sukcesu komercyjnego, ale mają głęboki wpływ na tych nielicznych, którzy je czytają. Twierdzi, że żadna z jego postaci nie jest inspirowana przez ludzi z jego otoczenia, ale każda z nich reprezentuje jakiś aspekt jego osobowości.

Po wyjeździe z Barcelony ten niegdyś czarujący i psotny młody człowiek staje się wycofany i tajemniczy. Jego życie obraca się teraz całkowicie wokół książek i wspomnień: "Julián żył w sobie, dla swoich książek i wewnątrz nich – w wygodnym więzieniu własnej konstrukcji". Kiedy odkrywa grób Penélope i ich syna, porzuca swoje marzenia i ogarnia go wstręt do samego siebie i głęboka nienawiść do własnej pracy, którą Daniel w końcu pomaga mu przezwyciężyć.

Szczerość Daniela i jego szczere pragnienie uratowania Juliána od zapomnienia wyciąga go z autodestrukcyjnej spirali, w której się znalazł. Ma opiekuńczą stronę (pomaga Bei, gdy ta szuka schronienia w willi Aldayów), ale wciąż kieruje nim potężne pragnienie zemsty (zabija byłego szefa Nurii, który molestował ją seksualnie). W przeciwieństwie do Fumero, który również od dziecka zmaga się ze swoimi demonami, Julián w trakcie opowieści znajduje odkupienie i stopniowo odzyskuje swoje człowieczeństwo.

JAVIER FUMERO

Francisco Javier Fumero jest synem dozorców ze szkoły San Gabriel, w której uczył się Carax. Jest samotnym dzieckiem z biednej rodziny, z ojcem, który zmusza go do ciągłej pracy i matką, która ma obsesję na punkcie wspinaczki społecznej i ma nadzieję, że wykorzysta jego przyjaciół, aby awansować w społeczeństwie. Inne dzieci w szkole znęcają się nad nim bezlitośnie, ale Julián lituje się nad nim, zaprzyjaźnia się z nim i przedstawia go swoim przyjaciołom.

Mimo to Javier jest dzieckiem zaburzonym: wolny czas spędza na rzeźbieniu figurek z drewna i torturowaniu zwierząt. Zakochuje się w Penélope Aldaya, a kiedy dowiaduje się o jej związku z Juliánem, jest tak wściekły, że próbuje go zabić. Jednak Miquel wkracza do akcji i poświęca się, by uratować przyjaciela.

Po wyrzuceniu ze studiów i wysłaniu do szkoły poprawczej, Javier wstępuje do wojska i wydaje się, że jest na dobrej drodze do kariery, ale zostaje wyrzucony w niejasnych okolicznościach. Prowadzi więc życie najemnika, oferując swoje usługi najwyżej postawionym osobom i popełniając szereg szokująco brutalnych czynów. Kiedy Daniel rozpoczyna swoje śledztwo, Fumero jest już inspektorem policji bez skrupułów, co pozwala mu grozić Danielowi i Fermínowi z nieuzasadnionych powodów.

Fumero często porównywany jest do pająka, który powoli i cierpliwie tka sieć, aby złapać swoje ofiary. Kierowany nienasyconym pragnieniem zemsty, całe swoje życie poświęca próbie zabicia Caraxa, który "ukradł" mu kobietę, którą kochał. Jego życie obraca się wokół tego jednego celu: "On się nie spieszy. Żyje po to, by się zemścić. Bez zemsty, bez gniewu, rozpłynąłby się".

Jest zdradziecki, oportunistyczny, manipulacyjny i patologicznie arogancki:

> *"Fumero uważał, że starcy budzą wstręt – podobnie jak kaleki, Cyganie i odmieńcy [...] Czasami Bóg popełniał błędy. Obowiązkiem każdego uczciwego obywatela było poprawianie tych drobnych uchybień i utrzymywanie świata w należytym stanie."*

Jego wygląd odzwierciedla jego osobowość: "jego obecność była zarówno żałobna, jak i żarliwa, jak klątwa ubrana w swoje najlepsze niedzielne szaty". Ma "cienkie usta, jak otwarta blizna" i "czarne, bez wyrazu" oczy jak ryba. Nie rozwija się jako postać w miarę upływu czasu, w końcu zostaje uśmiercony przez Caraxa.

FERMÍN ROMERO DE TORRES

Przeszłość Fermina i okoliczności, które doprowadziły do tego, że został żebrakiem, pozostają owiane tajemnicą. To wątły mężczyzna, który w przeszłości był agentem rządowym i próbował pomóc wielu wysoko postawionym urzędnikom w ucieczce z kraju, gdy wybuchła wojna domowa, ale kiedy został aresztowany i torturowany przez Fumero, w końcu złamał się i ujawnił tożsamość swoich przełożonych, których ten następnie wytropił i zabił.

W wyniku tego przeżycia doznał traumy i poczucia winy, a wkrótce znalazł się na ulicy i na łasce Fumero, osoby, której boi się najbardziej na świecie. Kiedy zostaje zatrudniony w księgarni Semperesa, staje się jakby nowym człowiekiem: jest teraz elegancki, ułożony i pracowity. Uważa Daniela za swojego wybawcę i jest gotów trwać przy nim na dobre i złe.

Jest gadatliwy i otwarty, a jego zuchwałość i pomysłowość czynią go doskonałym detektywem. Zakochuje się w Bernardzie, służącej Barcelós, którą poślubia pod koniec powieści. Razem mają czworo dzieci.

Posiada dużą wiedzę, doskonałą umiejętność krytycznego myślenia i nie boi się wyrażać swoich opinii, niezależnie od tego, jak bardzo są one niepopularne (np. krytykuje kapitalizm, wojsko i telewizję). Stanowczo broni swoich "anarchistyczno-libertariańskich skłonności": odrzuca idee i dekrety Kościoła i rządu, chociaż jego współobywatele czasami go za to krytykują. Bez skrupułów wypowiada się przeciwko nadużyciom popełnionym przez Francisco Franco (hiszpański generał i szef państwa, 1892-1975).

Mimo że fizycznie jest niepozorny, wykazuje się wielką siłą moralną, jest bardzo elokwentny i ma niezbędny hart ducha, by przetrwać lata na ulicy. Jest człowiekiem honoru, który zawsze chce się poprawić i wykazuje niezachwianą lojalność wobec swojej dziewczyny i przyjaciół. To czyni go kluczowym sojusznikiem w śledztwie Daniela. Kiedy Isaac umiera, zostawia pracę w księgarni, by przejąć po nim obowiązki na Cmentarzu Zapomnianych Książek.

BEATRIZ AGUILAR

Beatriz jest studentką literatury, miłośniczką książek i starszą siostrą Tomása Aguilara, najlepszego przyjaciela Daniela z dzieciństwa. Na początku powieści nie dogaduje się z Danielem, który uważa ją za pretensjonalną:

> *"Rudowłosa i niebotycznie blada, zawsze nosiła bardzo drogie suknie z jedwabiu lub czystej wełny. Miała talię manekina i wędrowała wyprostowana jak pręt, odgrywając rolę księżniczki w swojej własnej bajce. Jej oczy były zielononiebieskie, ale uparcie określała je jako 'szmaragdowe i szafirowe.'"*

Kiedy jednak widzą się ponownie cztery lata później, postanawiają odłożyć na bok dzielące ich różnice i zaprzyjaźnić się. Zaczynają się sobie zwierzać, a ich wzajemne przyciąganie sprawia, że ich przyjaźń wkrótce przeradza się w coś więcej. Bea rezygnuje z planów wyjścia za Pabla Cascosa Buendíę i opuszczenia Barcelony. Jest odważna: stawia się ojcu i odmawia powiedzenia mu, że Daniel jest jej kochankiem. Jej syn przy nim ma "oczy i inteligencję matki".

ANALIZA

POWIEŚĆ HYBRYDOWA

Powieść historyczna

Powieści historyczne łączą prawdziwe postacie i wydarzenia historyczne z elementami fikcyjnymi i pozwalają spojrzeć na historię z nowoczesnej perspektywy. Gatunek ten ma długą tradycję, ponieważ od wieków historyczne scenerie były wykorzystywane jako tło dla fikcyjnych opowieści. Jednak dopiero po Rewolucji Francuskiej (1789-1799) czytelnicy zaczęli zdawać sobie sprawę, że mogą pozostawić swój własny ślad w historii, a zainteresowanie fikcją historyczną rosło, aż od lat trzydziestych XIX wieku stała się ona gatunkiem samym w sobie (Aron, Saint-Jacques i Viala, 2002: 550), często czerpiącym z precedensów ustanowionych przez twórczość Waltera Scotta (szkockiego pisarza i poety, 1771-1832).

Do najbardziej znanych XIX-wiecznych pisarzy fikcji historycznej należą Victor Hugo (pisarz francuski, 1802-1885), Alexandre Dumas, *père* (pisarz francuski, 1802-1870) i Lew Tołstoj (pisarz rosyjski, 1828-1910). W XX wieku nastąpił dalszy rozwój gatunku, zarówno pod względem konwencji (niektórzy autorzy tworzyli powieści pisane z wielu perspektyw, a autor-narrator często stawał się postacią pierwszoplanową), jak i autorów (coraz więcej kobiet zaczęło publikować fikcję historyczną) oraz czytelników (pojawiła się szersza publiczność).

Ruiz Zafón urodził się w 1964 roku, czyli już po okresie, który opisuje w swojej powieści. Jego bohaterowie są jednak niezaprzeczalnie ukształtowani przez kontekst historyczny, zwłaszcza hiszpańską wojnę domową i reżim frankistowski, którego uosobieniem jest inspektor Fumero. Autentyczności powieści dodaje także ukazanie wpływu Kościoła Katolickiego i panującego wówczas w Hiszpanii seksizmu.

 ## HISZPAŃSKA WOJNA DOMOWA I REŻIM FRANKISTOWSKI

Hiszpańska wojna domowa i następujący po niej reżim frankistowski (1939-1975), jak również ich daleko idący wpływ na ludność kraju, zostały obszernie opisane przez hiszpańskich autorów XX i XXI wieku. W 1936 r., pięć lat po powstaniu II Republiki (1931-1939), Hiszpania borykała się z wieloma problemami społecznymi i gospodarczymi, które zagrażały stabilności kraju. W dniach 17 i 18 lipca tego roku armia dokonała zamachu stanu pod dowództwem Francisco Franco. Choć zamach się nie powiódł, zapoczątkował długotrwały konflikt między republikanami a nacjonalistami (frankistami), który zakończył się dopiero w 1939 r.

Franco rządził Hiszpanią jako dyktator i ustanowił imperialistyczny reżim, który był pod silnym wpływem katolicyzmu. Przeciwnicy reżimu byli surowo karani, a Hiszpania stopniowo izolowała się od swoich sąsiadów. Po śmierci Franco w listopadzie 1975 r. nastąpiło 20-miesięczne przejście do demokracji, po czym ustanowiono monarchię parlamentarną. Ustawa o amnestii z 1977 roku zagwarantowała immunitet dla sprawców zbrodni podczas wojny domowej i reżimu Franco, co oznaczało, że ich ofiary nigdy nie doczekały się sprawiedliwości.

Magiczny realizm

Tajemnicza, quasi-fantastyczna atmosfera powieści wykazuje wiele podobieństw do realizmu magicznego. Gatunek ten charakteryzuje się "rzeczowym włączeniem elementów fantastycznych lub mitycznych do pozornie realistycznej fikcji" (*Encyclopaedia Britannica*) i jest często kojarzony z pisarzami latynoamerykańskimi, takimi jak Gabriel García Márquez (pisarz kolumbijski, 1927-2014) i Isabel Allende (pisarka chilijska, ur. 1942).

Do elementów realizmu magicznego w *"Cieniu wiatru"* należą:

- Cmentarz Zapomnianych Książek, tajemniczy labirynt, w którym bohaterowie szybko się gubią;

- postać Laína Couberta, który "wyrwał się z kart powieści, by móc ją spalić";

- Willa Aldayów, która jest podobno nawiedzona i przeklęta, jest miejscem nikczemnych morderstw i niewyjaśnionych zjawisk;

- prorocze wizje Hiacynty oraz Juliána i Penélope, których marzenia o ich spotkaniu spełniają się;

- pozornie nieunikniony los, który łączy bohaterów;

- ciągłe paralele między historiami Daniela i Juliána;

- sceneria Barcelony, która nieustannie spowita jest mgłą.

ORYGINALNA NARRACJA

Chociaż historia Daniela jest opowiedziana w sposób linearny, poszczególne epizody życia Caraxa nie są opowiedziane w porządku chronologicznym, ponieważ różne postacie wciąż uzupełniają lub korygują historię jego życia. Narracja Ruiza Zafóna odzwierciedla formę powieści jego bohatera, która jest jak "jedna z tych rosyjskich lalek, które zawierają w sobie niezliczone, malejące repliki". Krok po kroku narracja rozszczepiała się na tysiąc opowieści.

Paralele między historią Daniela w narracyjnej teraźniejszości a historią Juliána w przeszłości stają się coraz wyraźniejsze w miarę postępu fabuły i wzmacniają związek między tymi dwoma okresami czasowymi, które pod koniec powieści łączą się w jedno.

Wreszcie powieść Ruiza Zafóna jest przedstawiona tak, jakby została napisana przez Daniela: "Jak piszę te wiersze na ladzie mojej księgarni [...]". To jeszcze bardziej wzmacnia związek między historiami Daniela i Juliána, zebranymi w jednej powieści, *Cień wiatru*, która nawiązuje jednocześnie do książki Daniela Sempere'a, Juliána Caraxa i Ruiza Zafóna.

ZAPOMINANIE I PAMIĘĆ

Tematy zapomnienia i pamięci są eksplorowane od pierwszych stron powieści. Kiedy Daniel odkrywa Cmentarz Zapomnianych Książek, jego ojciec wyjaśnia rolę tego ponadczasowego miejsca, w którym spoczywają niezliczone zapomniane dzieła: "W tym miejscu książki, o których nikt już nie pamięta, książki zagubione w czasie, żyją wiecznie, czekając na dzień, w którym trafią do rąk nowego czytelnika".

Daniel wybiera *Cień wiatru* Juliána Caraxa, a jego misją jest ocalenie autora i jego dzieła od zapomnienia. To wyzwanie napędza znaczną część fabuły powieści. Kiedy Carax, który wciąż żyje, dowiaduje się o wysiłkach Daniela, początkowo jest wściekły, potem postanawia nie interweniować, mając nadzieję, że Daniel nauczy się na błędach w swoim związku z Beą. Ze swojej strony Daniel nie wydaje się zbytnio zastanawiać nad swoimi prawdziwymi motywami podjęcia tej misji.

Podobnie jak ojciec Daniela, który nie może zapomnieć o zmarłej żonie, Julián po przeprowadzce do Paryża wciąż trzyma się wspomnień o Penélope. Kiedy dowiaduje się o jej śmierci, jest zdruzgotany i zaczyna obsesyjnie niszczyć każdy ślad swojej pracy, jakby chciał "wymazać każdy ślad [swojego] istnienia".

Julián staje się zatem Laínem Coubertem, czarnym charakterem *Cienia wiatru.* Jego chęć zniszczenia dzieła życia słabnie dopiero, gdy Daniel rozpoczyna śledztwo, a on sam stopniowo wraca do życia, pod koniec powieści decydując się nawet na napisanie nowej książki.

Z tematem zapomnienia i pamięci związana jest również postać Nurii. Jest ona szaleńczo zakochana w Julianie, wciąż kurczowo trzyma się wspomnień z podróży do Paryża z nim, nie może zapomnieć o dawnym kochanku nawet po wyjściu za Miquela. W liście do Daniela pokazuje, że jest świadoma swojej skłonności do życia w przeszłości i ujawnia swój lęk przed zapomnieniem przez świat.

Temat zapomnienia i pamięci jest również eksplorowany poprzez przedstawienie w powieści hiszpańskiej wojny domowej i reżimu frankistowskiego, który po niej nastąpił. Akcja powieści rozgrywa się w latach 50-tych, co pozwala Ruizowi Zafónowi subtelnie zbadać konsekwencje zarówno wojny domowej, jak i drugiej wojny światowej (1939-1945) dla narodu hiszpańskiego. Nuria ostrzega Daniela przed zbiorową amnezją wywołaną przez konflikt ("Nic nie karmi zapomnienia lepiej niż wojna, Danielu. Wszyscy milczymy, a oni próbują nas przekonać, że [...] to, czego dowiedzieliśmy się o sobie [...], jest złudzeniem"), a ilustracją tej koncepcji jest Fumero, który w czasie wojny dopuszczał się okrucieństw, ale jest akceptowany jako prawowita władza przez mieszkańców Barcelony, którzy chcą zapomnieć o tym, co się stało. Jednak i on jest ofiarą tej zamierzonej amnezji, gdyż dziesięć lat po jego śmierci został całkowicie zapomniany.

WPŁYW HISZPAŃSKIEJ WOJNY DOMOWEJ

Akcja powieści, powojenna Barcelona, jest kluczowa dla fabuły: pozwala czytelnikowi lepiej zrozumieć kontekst historyczny, a także zachowania i doświadczenia niektórych bohaterów, takich jak Fumero, Nuria, Fermín i Don Federico. Postacie te obrazują konsekwencje wojny domowej, lat Franco i II wojny światowej dla mieszkańców Hiszpanii:

• Fumero reprezentuje potęgę Franco: wykorzystał niestabilność i zamieszanie związane z wojną domową i posługując się przemocą, okrucieństwem i kłamstwami, wyniósł się na pozycję władzy. Reszta społeczeństwa jest nim przerażona i jednocześnie zafascynowana. W konsekwencji Fumero nieuchronnie przypomina nam o Franco, którego imię dzieli.

- Fermín jest jednym z pokonanych przeciwników. Na początku wojny był agentem rządowym i był torturowany przez Fumero, który od tamtej pory niestrudzenie go ściga. Jego przekonania (zwłaszcza pogarda dla Kościoła Katolickiego) wprowadzają go w konflikt z rządem frankistowskim.

- Don Federico jest również ofiarą ideologii frankistowskiej: jego orientacja seksualna jest niezgodna z katolickimi naukami reżimu i czyni go idealnym celem dla Fumero.

- Nuria reprezentuje biedę wywołaną przez wojnę: jej mąż Miquel stracił pracę dziennikarza z powodu wojny domowej, a ona sama miała trudności ze znalezieniem pracy podczas II wojny światowej.

Te szczegóły, które są rozsiane po całej powieści, ilustrują nietolerancję i represje wobec wolności słowa, które charakteryzowały reżim Franco. Powieść zdaje się przedstawiać literaturę jako sposób na opór wobec tego zakazu.

Książki, zwłaszcza Caraxa, pozwalają na swobodną ekspresję (zarówno czytelnikowi, jak i autorowi), a tym samym zapobiegają całkowitemu zniszczeniu demokracji. Księgarze tacy jak Daniel i jego ojciec dbają o to, by książki, a co za tym idzie zawarte w nich idee, mogły krążyć, nawet jeśli są w opozycji do ideologii frankistowskiej. Podobnie Cmentarz Zapomnianych Książek nie tylko ratuje książki przed zepsuciem, ale także chroni je przed przemocą i przewrotami w świecie zewnętrznym.

SIŁA LOSU

Idea przeznaczenia jest w powieści wszechobecna. Kiedy Daniel znajduje dzieło Juliána na Cmentarzu Zapomnianych

Książek, wciąż zadaje sobie pytanie, co mu je przyniosło: "To mogło być to pojęcie, albo po prostu przypadek, albo jego bardziej krzykliwy krewny, przeznaczenie, ale w tej dokładnej chwili wiedziałem, że już wybrałem książkę, którą zaadoptuję, albo która zaadoptuje mnie". Bea wierzy również w przeznaczenie: "Wierzę, że nic nie dzieje się przypadkiem. W głębi duszy rzeczy mają swój tajemny plan, nawet jeśli go nie rozumiemy".

Idea przeznaczenia jest dogłębnie analizowana poprzez postacie Juliána i Daniela. Historia Daniela pod wieloma względami przypomina historię Juliána, a obaj mężczyźni są do siebie podobni fizycznie, co zauważa Nuria. Choć mają zupełnie inne życie rodzinne, ich romantyczne przygody są dość podobne. Pod koniec powieści, te podobieństwa są wzmocnione, gdy Bea zachodzi w ciążę po uprawianiu seksu po raz pierwszy w willi Aldayas, jak Penélope przed nią. Na szczęście dla Daniela jego historia ma znacznie mniej tragiczne zakończenie niż historia dwóch pozostałych kochanków: żeni się z Beą, a ona rodzi zdrowego syna.

Według Caraxa on i Daniel zostali połączeni przez los w konkretnym celu: aby powstrzymać swojego duchowego syna przed popełnieniem tych samych błędów co on i w ten sposób zdobyć przebaczenie Penélope. Widzi w Danielu wyjście ze swojego więzienia wspomnień, gdyż pomaga mu on na nowo odkryć ludzkie emocje i otaczający go świat. Pod koniec powieści zaczyna znowu pisać i dedykuje swoją książkę Danielowi i Bei: "Dla mojego przyjaciela Daniela, który przywrócił mi głos i pióro. I dla Beatriz, która przywróciła nam obu życie".

Los kształtuje także życie innych bohaterów powieści, zwłaszcza Penélope i jej guwernantki Hiacynty. Penélope i Julián śnili o sobie nawzajem przed spotkaniem, a ona była przekonana, że później za niego wyjdzie, co zdaje się wskazywać, że nie da się uciec od przeznaczenia. Prorocze wizje Hiacynty (w swoich snach widzi anioła o imieniu Zacarías) również pokazują siłę losu.

KOBIETY WE FRANKISTOWSKIEJ HISZPANII

Poglądy niektórych bohaterów powieści odzwierciedlają seksistowskie przekonania, które były powszechne w czasie reżimu Franco. Na przykład, pan Aldaya mówi: "Jedyną osobą, która myśli i czyta w domu jest moja córka Penélope, więc wszystkie te książki są marnowane". Czytanie jest postrzegane jako kobieca rozrywka i w rezultacie jest umniejszane. Na przykład Fumero mówi: "czytanie jest dla ludzi, którzy mają dużo czasu i nic do roboty. Jak kobiety", a Jorge mówi Juliánowi, że Penélope jest "trochę szalona. Cały dzień spędza na czytaniu".

Nauki ścisłe i matematyka są wielokrotnie przedstawiane jako przedmioty nieodpowiednie do studiowania przez kobiety. Nuria również spotyka się z podobnymi uprzedzeniami, co widać, gdy wyjaśnia, że prawie została wyeksmitowana z mieszkania: "Możecie sobie wyobrazić, kobieta, która mówi w obcych językach i nosi spodnie". Niektórzy bohaterowie uważają nawet, że "czasami mąż musi bić żonę, aby ta go szanowała".

Sposób traktowania kobiet w powieści kształtuje jej fabułę. Konkretnie Penélope umiera, bo ojciec zamyka ją w pokoju i zostawia, by sama urodziła:

> *"Gdyby lekarz był obecny, oskarżyłby Don Ricardo Aldayę o morderstwo, bo nie było innego słowa, które mogłoby opisać scenę w tej ciemnej, zakrwawionej celi. Ale nie było tam nikogo, a kiedy wreszcie otworzyli drzwi i znaleźli Penélope leżącą martwą w kałuży własnej krwi, tulącą lśniące, fioletowe dziecko, nikt nie był w stanie wypowiedzieć ani jednego słowa."*

Życiem kobiet rządzą wybory, które są im narzucane, a które czasem nawet zmieniają bieg losu: Penélope miała przeczucie, że pewnego dnia poślubi Juliána, ale z powodu jej przedwczesnej śmierci nigdy do tego nie doszło.

Ten seksizm odzwierciedla ówczesną rzeczywistość historyczną. Postępowo-demokratyczny rząd II Republiki, który doszedł do władzy 14 kwietnia 1931 roku, przyznał kobietom większe prawa, w tym równość wobec prawa, prawo do głosowania, prawo do rozwodu i prawo dostępu do aborcji. Kobiety miały też łatwiejszy dostęp do szkolnictwa wyższego, rozwinął się prężny ruch feministyczny. Jednak zwycięstwo Franco w wojnie domowej spowodowało drastyczne zmiany w statusie kobiet: zostały one wtedy uznane za prawnie i społecznie gorsze od mężczyzn i straciły prawa, które wcześniej uzyskały. Dopiero po śmierci Franco w 1975 roku ich sytuacja zaczęła się stopniowo poprawiać.

ZNACZENIE KULTURY

Niektórzy bohaterowie powieści, zwłaszcza Julián i Daniel, są zafascynowani sztuką i widzą w niej zarówno rodzaj schronienia, jak i okazję do pełniejszego przeżywania życia.

Z kolei Fumero uważa, że "czytanie jest dla ludzi, którzy mają dużo czasu i nic do roboty", a pan Fortuny niechętnie patrzy na zainteresowanie Juliána sztuką: "[Julián] kochał muzykę, sztukę i wszystkie sprawy, które w świecie mężczyzn nie były uważane za praktyczne". Jego zdaniem literatura jest najbardziej szkodliwą wadą ze wszystkich.

Oprócz wartości samej w sobie, literatura kojarzy się z krytycznym myśleniem. Według Fermina jest to umiejętność, której brakuje większości jego współobywateli, którzy zamiast myśleć samodzielnie, po prostu papugują cudze opinie i rzucają się na każdego, kto się z nimi nie zgadza. Telewizja jest przeciwstawiana literaturze, ponieważ wzmacnia tę tendencję, a system edukacji jest krytykowany, ponieważ nie zachęca uczniów do samodzielnego myślenia.

Literatura przedstawiona jest jako jeden z ostatnich bastionów kultury i myśli, a Daniel i Bea są zdeterminowani zrobić wszystko, by jej bronić:

> "Bea twierdzi, że sztuka czytania powoli umiera [...]. Każdego miesiąca otrzymujemy oferty przekształcenia naszej księgarni w sklep sprzedający telewizory, gorsety lub buty z podeszwami ze sznurka. Nie wyciągną nas stąd, jeśli nie będzie to nogami do przodu".

W przeciwieństwie do innych form popularnej rozrywki, literatura otwiera nowe, nieoczekiwane horyzonty i kształtuje nasz sposób myślenia. Tysiące książek (i autorów), które Cmentarz Zapomnianych Książek ocala od zapomnienia, mogą nas wiele nauczyć o świecie i o nas samych. Literatura jest niezbędna, jeśli chcemy uczyć się z przeszłości i unikać powtarzania błędów historii.

Wreszcie, powieść przedstawia sztukę jako antytezę wojny i przemocy. Julián jest zbyt artystyczny i "nie byłby dobry jako żołnierz, można to było stwierdzić na milę", podczas gdy Miquel przeznacza pieniądze odziedziczone po ojcu handlującym bronią na dobre uczynki, zwłaszcza na promocję kultury:

> *"Miquel prowadził niemal monastyczną egzystencję, poświęcając się trwonieniu pieniędzy ojca, które uważał za splamione krwią, na renowację muzeów, katedr [...] oraz na dopilnowanie, by dzieła jego przyjaciela z dzieciństwa, Juliána Caraxa, zostały opublikowane w jego rodzinnym mieście".*

W powieści pojawiają się również aluzje do cenzury w czasach reżimu Franco: Pan Sempere wspomina, że w tamtych czasach hiszpańskie książki były często wydawane we Francji, a nie w Hiszpanii, a Nuria mówi, że "Julián prawie nie miał już książek do spalenia". W ten sposób żarliwa obrona kultury przez Ruiza Zafóna nadaje *Cieniowi wiatru* jeszcze większe znaczenie.

DALSZA REFLEKSJA

KILKA PYTAŃ DO PRZEMYŚLENIA...

- Do jakiego gatunku lub gatunków należy powieść? Wyjaśnij swoją odpowiedź.

- Jak w powieści przedstawiona jest literatura?

- "Są gorsze więzienia, niż słowa". Wyjaśnij i skomentuj tę uwagę Nurii.

- Jak losy Daniela i Juliána są w powieści powiązane?

- W jednej ze swoich wcześniejszych książek Julián napisał, że "przypadki to blizny losu". Wyjaśnij i skomentuj to stwierdzenie.

- Jak samotność jest przedstawiona w powieści?

- Ruiz Zafón zdecydował się osadzić swoją historię w Barcelonie w latach 50. XX wieku. Dlaczego jest to znaczące? Czego możemy się dowiedzieć o tej epoce czytając powieść?

- Co powieść mówi nam o relacjach między mężczyznami i kobietami w Hiszpanii w czasach, w których rozgrywa się jej akcja? Jak wpływają one na fabułę?

DALSZE CZYTANIE

WYDANIE REFERENCYJNE

Ruiz Zafón, C. (2004) *Cień wiatru.* Tłum. Graves, L. London: Phoenix.

BADANIA REFERENCYJNE

Augado, A. (2014) Citoyenneté féminine sous la Seconde République: entre le réformisme social et la démocratisation. *Cahiers de civilisation espagnole contemporaine.* 12. [Online]. [dostęp 28 marca 2018]. Dostępny w: <http://journals.openedition.org/ccec/5153>.

Aron, P., Saint-Jacques, D. i Viala, A. eds. (2002) *Le dictionnaire du littéraire.* Paris: PUF.

Burgelin, C. (bez daty) Roman historique. *Encyclopaedia Universalis.* [Online]. [Dostęp 28 marca 2018]. Dostępny w: <http://www.universalis.fr/encyclopedie/roman-historique/>.

Burger, S. et al. (2009) *Promenades dans la Barcelone de* l'Ombre du vent. Paris: Le Livre de Poche.

(Bez daty) El realismo mágico y real maravilloso. *ABC.* [Online]. [Dostęp 28 marca 2018]. Dostępny w: <http://www.abc.com.py/articulos/el-realismo-magico-y-real-maravilloso-847616.html>.

Gengembre, G. (2010) Le roman historique: mensonge historique ou vérité romanesque? *Études. Revue de culture contemporaine.* 10(413), pp. 367-377.

Ide, S. (2014) L'Espagne dace au droit ou au non droit à l'avortement. *TV5Monde*. [Online]. [Dostęp 28 marca 2018]. Dostępny w: <http://information.tv5monde.com/terriennes/l-espagne-face-au-droit-ou-au-non-droit-l-avortement-3138>.

Lapointe, J. (2011) Carlos Ruiz Zafón: la littérature d'abord. *La Presse*. [Online]. [dostęp 28 marca 2018]. Dostępny w: <http://www.lapresse.ca/arts/livres/201101/22/01-4362793-carlos-ruiz-zafon-la-litterature-dabord.php>.

(Bez daty) Magic realism. *Encylopaedia Britannica*. [Online]. [Dostęp 28 marca 2018]. Dostępny w: <http://www.britannica.com/art/magic-realism>.

Morant, I. (2010) Histoire des femmes en Espagne et en Amérique latine. *Genre & Histoire. La revue de l'Association Mnémosyme*. 7. [Online]. [dostęp 28 marca 2018]. Dostępny w: <http://journals.openedition.org/genrehistoire/1100>.

(Bez daty) Roman historique. *Larousse*. [Online]. [dostęp 28 marca 2018]. Dostępny w: <http://larousse.fr/encyclopedie/litterature/roman_historique/176585>.

Ruiz Tosaus, E. (2008) Algunas consideraciones sobre *La sombra del viento* de Ruiz Zafón. *Espéculo. Revista de estudios literarios*. [Online]. [dostęp 28 marca 2018]. Dostępny w: <http://webs.ucm.es/info/especulo/numero38/soviento.html>.

Zulaika, C. (2011) La femme espagnole au XX siècle: une histoire de progrès et de reculs. *Arte.tv*. [Online]. [dostęp 28 marca 2018]. Dostępny w: <http://www.arte.tv/sites/leurope-en-debat/2011/01/28/la-femme-espagnole-au-xxeme-siecleune-histoire-de-progres-et-de-reculs/>.

Chcemy usłyszeć od Ciebie, co się dzieje!
Zostaw komentarz na temat swojej internetowej biblioteki
i podziel się swoimi ulubionymi książkami w mediach społecznościowych!

www.50minutes.com

Master ISBN: 9782808695169
Papierowy ISBN: 9782808616560
Depozyt prawny: D/2023/12603/1936

Verhaal: © Primento

Projekt cyfrowy: Primento, cyfrowy partner wydawców.